MINIMALISMO

Como Viver Com Menos E Como Isso Pode Melhorar a Sua Vida

(Estratégias E Estilo De Vida Para Simplificar A Vida Para Principiantes)

Paul Lee

Traduzido por Daniel Heath

Paul Lee

Minimalismo: Como Viver Com Menos E Como Isso Pode Melhorar a Sua Vida (Estratégias E Estilo De Vida Para Simplificar A Vida Para Principiantes)

ISBN 978-1-989837-73-3

Termos e Condições

De modo nenhum é permitido reproduzir, duplicar ou até mesmo transmitir qualquer parte deste documento em meios eletrônicos ou impressos. A gravação desta publicação é estritamente proibida e qualquer armazenamento deste documento não é permitido, a menos que haja permissão por escrito do editor. Todos os direitos são reservados.

As informações fornecidas neste documento são declaradas verdadeiras e consistentes, na medida em que qualquer responsabilidade, em termos de desatenção ou de outra forma, por qualquer uso ou abuso de quaisquer políticas, processos ou instruções contidas, é de responsabilidade exclusiva e pessoal do leitor destinatário. Sob nenhuma circunstância qualquer, responsabilidade legal ou culpa será imposta ao editor por qualquer reparação, dano ou perda monetária devida às informações aqui contidas, direta ou indiretamente. Os respectivos autores são proprietários de todos os direitos autorais não detidos pelo editor.

Aviso Legal:

Este livro é protegido por direitos autorais. Ele é designado exclusivamente para uso pessoal. Você não pode alterar, distribuir, vender, usar, citar ou parafrasear qualquer parte ou o conteúdo deste ebook sem o consentimento do autor ou proprietário dos direitos autorais. Ações legais poderão ser tomadas caso isso seja violado.

Termos de Responsabilidade:

Observe também que as informações contidas neste documento são apenas para fins educacionais e de entretenimento. Todo esforço foi feito para fornecer informações completas precisas, atualizadas e confiáveis. Nenhuma garantia de qualquer tipo é expressa ou mesmo implícita. Os leitores reconhecem que o autor não está envolvido na prestação de aconselhamento jurídico, financeiro, médico ou profissional.

Ao ler este documento, o leitor concorda que sob nenhuma circunstância somos responsáveis por quaisquer perdas, diretas ou indiretas, que venham a ocorrer como resultado do uso de informações contidas neste documento, incluindo, mas não limitado a, erros, omissões, ou imprecisões.

Índice

Parte 1 1

Introdução 2

Capítulo 1 5

Vamos Aprender Um Pouco Sobre Minimalismo 5

O Que Felicidade Tem A Ver Com O Minimalismo? 7
Percebendo O Que Você Não Precisa 8

Capítulo 2 11

Por Que Você Deveria Viver Sendo Minimalista? 11

Benefícios Financeiros 11
Benefícios Psicológicos 12
Benefícios Para A Saúde 14

Capítulo 3 15

Como Você Pode Adotar O Minimalismo? 15

Tome Uma Decisão 15
Planejamento 17
Posso Eliminar Essas Coisas? 18
Empacotando Coisas 20
Elimine As Necessidades 21
Coisas Que Você Precisa 22
Você Tem Medo De Alguma Coisa? 23
Crença 25
Crescimento 25
Tudo 26
Lixo, Doação E Venda 27
Doar 28
Vender 28
Digitalize 28

REDUZA A DEPENDÊNCIA DE ELETRÔNICOS 29
VIVENDO A VIDA SEM CARRO 30

Capítulo 4 33

A Dieta Minimalista 33

VOCÊ NÃO PRECISA COMER UMA DIETA LEVE 33
VOCÊ NÃO PRECISA CONTAR SUAS CALORIAS 34
VOCÊ NÃO PRECISA SEGUIR AS DIRETRIZES 34
VOCÊ NÃO PRECISA ELIMINAR GRÃOS DA SUA DIETA. 35
VOCÊ NÃO PRECISA TER MEDO DA GORDURA ANIMAL 36
VOCÊ NÃO PRECISA DESISTIR DA SUA ZONA DE CONFORTO DE
ALIMENTOS 36
EVITE ALIMENTOS QUE NÃO FAZEM VOCÊ SE SENTIR BEM 37
COMA ALIMENTOS QUE SÃO SAUDÁVEIS E SEU CORPO ESTARÁ
ADAPTADO PARA DIGERI-LOS 38
OUÇA SEU CORPO 38
PLANEJE COM ANTECEDÊNCIA 39
COZINHE SEUS ALIMENTOS COM OS MÉTODOS CORRETOS 40
COMPARTILHE SUA EXPERIÊNCIA COM OUTROS 40

Conclusão 42

Parte 2 45

Introdução 46

Compreendendo O Minimalismo E O Que Significa Viver
Uma Vida Mínima 48

COMPREENDENDO O MINIMALISMO E O QUE SIGNIFICA VIVER UMA
VIDA MÍNIMA 49

Como O Minimalismo Beneficia Você 55

1: Melhor Concentração 56
2: Humor Melhorado 59
Felicidade Diminuída E Menos Estresse 60

Como Facilitar Sua Entrada Em Um Estilo De Vida
Minimalista: Um Processo Em Três Passos: 64

Passo 1: Defina Uma Intenção, Objetivo E Cronograma Claros 65
Passo 2: Destralhar 68
Passo 3: Comprometa-Se! 71

10 Hábitos Do Estilo De Vida Minimalista Que Irão Ajudar Você A Destralhar E Reduzir O Estresse 73

1: Reavalie Seu Espaço Constantemente 73
2: Uma Dose De Realidade É Sempre Bom 74
3: Agende E Repita Refeições 75
4: Diga "Não, Obrigado" Com Frequência 76
5: Reduza Seu Guarda-Roupa 76
6: Minimize O Débito 77
7: Seja Grato Todo Dia 78
8: Mantenha As Superfícies Planas Livres 78
9: Jogue O #Minsgame 79
10: Escolha Sempre Experiências Ao Invés De Posses 80

Conclusão 81

Parte 1

Introdução

O Minimalismo não é apenas uma nova moda no mercado, que desaparecerá em poucos anos. De uma forma ou outra, isso esteve ao nosso redor por centenas de séculos. Lembre-se da Era Paleolítica ou do século XVIII, quando as pessoas dificilmente possuíam qualquer riqueza material, mas ainda assim eram mais felizes e contentes com suas vidas. Seus propósitos de vida não eram riqueza material, mas sim, satisfação interna. Eles acreditavam em uma vida simples com o mínimo de coisas em torno deles. Muitos deles apenas viviam com pouco.

Não estamos dizendo para você abandonar tudo o que tem e se tornar um cidadão Paleolítico. Mas, a principal ideia do minimalismo é viver uma vida feliz com recursos mínimos. E ao mesmo tempo, acompanhar a sociedade ao seu redor. O Minimalismo permite que você escape da corrida maluca do Sonho Americano. O então chamado, sonho, aparentemente nunca se torna realidade a qualquer um.

Uma vez que você tenha conseguido o que sempre quis - um grande carro, uma grande casa, roupas de marca; você se acostuma com isso. Então, você trabalha mais e se esforça por um carro maior, uma casa maior e roupas com etiquetas de grifes mais caras. Esse ciclo vicioso nunca termina. Com o minimalismo, você aprende a como ficar satisfeito com os recursos limitados da vida.

Ele também lhe prepara para as situações extremas da vida, caso elas aconteçam com você. Por exemplo, se por conta de circunstâncias inevitáveis, você tiver que deixar sua casa e todos os seus pertences para trás; você estará muito melhor preparado para lidar com essas circunstâncias.

No entanto, isso não significa que você deve deixar seu emprego hoje e viver a vida de um monge. Na realidade, isso significa que você se prepara para viver com recursos mínimos e menos coisas ao seu redor.

Boa sorte em sua nova jornada!

Capítulo 1

Vamos Aprender um Pouco Sobre Minimalismo

Você pode ter visto imagens e ouvido coisas sobre o minimalismo. O primeiro pensamento que ocorre a mente de qualquer um quando pensam em minimalismo, é que eles precisam possuir menos bens materiais. Eles só querem extrair, abandonar, eliminar, separar, remover e deixar as coisas. Mas, essa não é a exata abordagem do minimalismo. O correto pensamento é *querer* menos coisas.

Eliminar o excesso material é apenas um elemento de todo esse processo. Você está perdendo o maior ponto de vista, se está se concentrando apenas em 'coisas'.

Você certamente tem que se concentrar em possuir menos coisas, mas simultaneamente, tem que abrir espaço para mais. Isso significa mais paixão, mais tempo, mais crescimento, mais experiências, mais satisfação, mais liberdade e mais contribuição com a sociedade assim como com sua própria vida. Quando você limpa a bagunça em sua trajetória de vida, isso te ajuda a ganhar mais espaço.

Minimalismo é um conceito que te ajuda a pensar além dos objetos, de modo que você tenha espaço em sua mente para pensar sobre coisas mais importantes da vida - que na realidade não são coisas que você pode tocar.

Há tantas pessoas ao nosso redor que conseguem tudo o que querem - carros de luxo, empregos que pagam fortunas, grandes mansões e muitas outras pequenas coisas que podem preencher todos os cantos daquela mansão e estilo de vida. E ainda assim, nada nos faz feliz, mesmo que tenhamos tudo. Podemos trabalhar por mais de 60 horas por semana para comprar coisas que na verdade nunca precisamos. Esses objetos nunca podem preencher o vazio que a maioria de nós sente com todo o luxo ao nosso redor. Isso pode trazer só mais estresse, ansiedade, dívida, solidão, medo, sobrecarga, culpa e depressão.

E mais uma coisa de que perdemos controle é o tempo e, consequentemente, nossas vidas. É quando o minimalismo aparece com mais e mais significado.

O que felicidade tem a ver com o minimalismo?

Felicidade é um vasto conceito. Você deve ter pensado em ler sobre o minimalismo porque quer ser mais feliz na vida. Mas ei, você não tem o que sempre pensou que queria ter? Coisas que você pensou que lhe fariam feliz? Ou pelo menos, aparentemente feliz? Mas, a felicidade aparente não dá contentamento.

Possuir muitas coisas não dá muita satisfação, com certeza. Mas possuindo muito menos coisas, sim. Antes do termo 'minimalismo' aparecer, havia um antigo ditado chamado - vida simples, pensamento elevado. O minimalismo pode ter se originado desse próprio ditado. Mas, o mais importante é o conceito, e não sua história. Há pessoas nesta terra, bem ao nosso redor, que não possuem cada coisa chique do mercado, mas que são definitivamente mais apaixonadas, felizes e livres.

Minimalismo não é um hábito; é um modo de vida. Você precisa se concentrar no significado mais profundo da vida ao invés de apenas viver em sua rasa superfície. Você precisa crescer como ser humano e contribuir para a sociedade pensando além de si mesmo. Essas duas coisas- contribuição e crescimento são os alicerces da alegria, e não objetos.

A boa e velha verdade que pode soar chata para muitas pessoas é que, se você não ajuda os outros a crescerem na vida, você acaba se tornando escravo das expectativas culturais e envolvido nas armadilhas do poder, dinheiro, percepção de sucesso e status.

Percebendo o que você não precisa

Acredite ou não, 90% das coisas que você possui, você não precisa. Essas coisas te põem para baixo na vida, te mantém longe da felicidade, satisfação e liberdade que você sempre deseja. Você tem que deixar essas coisas. Quando você se livra das coisas que estão desordenadas ao seu redor sem necessidade, você se sente mais leve. Quando a desordem externa é removida, o mesmo acontece com a desordem interna - a desordem mental, a desordem emocional, o estresse, a ansiedade.

Há mais uma coisa que representa uma ameaça à nossa felicidade- o consumo compulsório. Isso não significa que o consumo é um problema, mas o consumo compulsório sim. Você não precisa se tornar um santo e abandonar tudo em sua casa. Você precisa entender isso. Você pode estar habitualmente comendo, comprando, possuindo, vestindo, mantendo, usando, gastando em coisas que você realmente não precisa. Você precisa aproveitar ao máximo as coisas que são suas necessidades. Compre a próxima coisa apenas quando você sentir que a necessidade por ela está aumentando e é indispensável comprá-la agora. Isso te ajudará a ter mais tranquilidade e você será capaz de se concentrar mais em seus relacionamentos, saúde, crescimento e contribuição.

Capítulo 2

Por Que Você Deveria Viver Sendo Minimalista?

As razões e benefícios para ser um minimalista são muitas para serem mencionados aqui. O primeiro e mais importante benefício deste novo estilo de vida é que, quando as pessoas sabem que você é um minimalista, elas nunca esperam que você possua os últimos gadgets, uma casa maior e o carro mais caro que você pode pagar. Portanto, você não precisa ficar sob pressão de colegas para se manter atualizado com as coisas mais recentes. Vamos começar com os benefícios de ser um minimalista com diferentes aspectos.

Benefícios financeiros
Apesar de dar paz a mente e uma vida livre de desordem, muitos de vocês podem ficar preocupados a respeito do aspecto financeiro de suas vidas e de suas

famílias. Mas, o minimalismotambémgarante segurança financeira a você.

Quando você desenvolve o hábito de possuir menos coisas desnecessárias, obviamente economiza mais dinheiro. Você não se entrega ao impulso gastando, e compra o que realmente precisa. Isso, com certeza, lhe permite manter dinheiro no bolso.

Você também pode comprar coisas nas melhores ofertas e obter descontos sempre que puder.

Tente fazer cada coisa possível sozinho. Isso ajudará você a não se tornar dependente de alguém e também lhe economizará dinheiro.

Pese suas escolhas de necessidades e desejos. Você precisa de uma casa maior ou só deseja uma casa maior? Mais dinheiro sobrandosevocê não precisa!

Você não precisa acumular suas economias. Você pode reinvesti-las em algo mais importante para sua família.

Benefícios psicológicos

Você não precisa desistir de todas suas posses e viver a vida com uma mala. Você pode certamente possuir um carro, ter uma boa casa, usar aparelhos eletrônicos e ter mais que *uma* roupa em seu armário. Vocêpode ainda aproveitar os benefícios psicológicos do minimalismo.

Se concentrar apenas em ganhar mais dinheiro nunca garantiu felicidade a alguém. Mais experiências de vida e viver a vida ao máximo definitivamente sim.

Você pode tornar-se habituado a novas posses que sempre quis ter. Aproveite mais a vida com experiências como ir a concertos, fazer uma viagem à sua própria cidade, sair com a sua família, etc. Faça coisas que nunca tenha feito antes, mesmo que sejam bobas.

Você ganha mais auto estima se tem menos posses. Correr atrás de bens materiais é só uma maneira de viver para pessoas com auto estima baixa.

Baixa auto estima faz com que as pessoas fiquem mais estressadas. E elas tentam lidar com o estresse comprando coisas desnecessárias. Auto estima mais elevadaé igual a menos estresse.

Benefícios para a saúde

O minimalismo lhe dá tempo para muitas coisas que você sempre evitou com a desculpa de não ter tempo. O mau gerenciamento do tempo também é um motivo para não se ser saudável.

Você pode ganhar tempo para praticar yoga e se exercitar quando não perde tempo no Facebook e conversando tarde da noite.

Quando você economiza dinheiro com o minimalismo, você pode gastá-lo comprando alimentos saudáveis e vegetais orgânicos.

Menos estresse mental e maior auto estima lhe mantém com uma saúde melhor.

Capítulo 3

Como Você Pode Adotar o Minimalismo?

É tentador tornar-se um minimalista, dado os benefícios financeiros, psicológicos e de saúde do conceito. Mas, você precisa de forte determinação e um bom planejamento para tornar-se um minimalista absoluto. Você pode adotar as referências abaixo **um dia de cada vez** se você acha demais fazer tudo de uma vez, o que não seria possível também. Não vai demorar mais do que 30 dias para chegar a um estágio no qual você amará sua vida outra vez.

Tome uma decisão

Tomar uma decisão é a primeira coisa difícil numa nova vida. É onde a maioria de nós falha, tomar uma decisão forte e determinada. Você pode procrastinar sua decisão por mudança, mesmo que apenas por alguns momentos. Você tem que decidir que quer o minimalismo em sua vida e torná-lo uma realidade. Nós sempre sabemos que *devemos mudar,* mas nós *não podemos fazê-lo* porque nunca dizemos que *devemos mudar.* Estamos intelectualmente conscientes de que devemos mudar, mas não estamos emocionalmente preparados para realmente fazê-lo.

Quando você diz a si mesmo que não deve gastar mais, que deve se alimentar saudavelmente, se exercitar, ser pontual; você pode dizer tudo isso a si mesmo com um *tom de ' eu devo'* ao invés de *'eu deveria'.* Escreva em um papel todas as coisas que você deseja mudar e diga a si mesmo que você deve realizar isso. Você deve não gastar mais, deve comer saudavelmente, deve se exercitar e deve ser pontual. Você também deve lembrar-se da dor que está passando nas condições atuais e do prazer que ganharia se mudasse a si mesmo com um *'eu devo'.*

Seus nervos e cérebro devem receber as vibrações da sua decisão. Só então você pode estar certo de sua determinação. Dessa forma, o primeiro passo para tomar uma decisão é escrever uma lista das mudanças que você deve ter em seu estilo de vida. As diga em voz alta e você se sentirá mais poderoso com a mudança de apenas uma palavra - devo ao invés de deveria.

Você pode achar que isso é muito simples, mas na verdade não é. É preciso muita força emocional para carregar essa *simples* decisão.

Coloque essa lista com seus 'EU DEVO' em um lugar que lhe seja visível todos os dias. Isso fortalecerá sua decisão.

Planejamento

Depois de tomar a decisão, você deve estar sentindo-se mais poderoso. Você teve o dia todo para si mesmo imaginando a vida nova que terá.

Você pode incluir algumas coisas em seu planejamento: comer alimentos saudáveis, exercitar-se diariamente, amar seus amigos e familiares, contribuir de forma significativa na vidas de outros, crescer como indivíduo, escrever alguma coisa todo dia, ler algo, ouvir música por 30 minutos, ser apaixonado pelas pequenas tarefas da vida, ser grato, aproveitar sua vida e viver no presente.

Você deve estar pensando, o que os últimos itens têm a ver com o minimalismo? Bem, o bem-estar emocional é um importante elemento do minimalismo. E essas coisas visam organizar sua bagagem emocional.

Novamente, pegue uma caneta e um papel e faça a si mesmo as seguintes perguntas:

Posso eliminar essas coisas?
Olhe para cada coisa em sua casa e se questione se você pode eliminá-las da sua vida. Seu mundo não acabará se você eliminar a maioria das coisas.

É possível automatizar esse processo?
É possível automatizar muitas tarefas de sua rotina que você faz manualmente. Você pode colocar lembretes para algumas tarefas usando o celular ao invés de notas adesivas em toda a sua cozinha. Procure por outras tarefas que você pode realizar em modo automático.

É possível dividir as tarefas?

É um absoluto pesadelo ter que fazer todas as atividades sozinho. Você pode delegar vários deveres ao seu assistente, parceiro ou parceira, filhos, amigos, vizinho ou qualquer pessoa capaz de executar a tarefa. Você pode não obter os melhores resultados, mas pelo menos o resultado pode ser satisfatório o suficiente para lhe dar paz mental. Não vale a pena o esforço? Então confie nas pessoas e divida os deveres.

Posso 'terceirizar' o serviço?

É possível pagar alguém por tarefas que você mesmo faz? Se você puder pagar, pague alguém pelo trabalho doméstico, lavanderia e qualquer outra coisa que lhe mantenha frustrado, mas você não obtém nenhum resultado produtivo próprio. Isso não incluir cozinhar. Você deve cozinhar para si mesmo visando garantir mais saúde e satisfação mental.

Responda-se

Anote as respostas em um papel para estas perguntas:

O que está me impedindo de realizar o que desejo?

Por que minhas posses são tão importantes para mim?
O que é mais importante que essas coisas na minha vida?
Por que não estou satisfeito com minha vida?
Quem eu quero me tornar como pessoa?
Qual é a definição de sucesso para mim?
Como será minha vida se eu tiver menos coisas?

Empacotando coisas
Este é o momento em que você precisa tomar uma grande ação imediata. Você precisa arrumar suas coisas como se estivesse mudando para uma nova casa e recebeu um dia para terminar de arrumar tudo. Senão, você terá que deixar suas coisas desorganizadas neste lugar.
Pode parecer uma tarefa gigantesca para você, mas vamos tornar isso divertido. Pegue uma garrafa de vinho e coloque um pouco de música no seu celular (Você tem que encaixotar suas caixas de som, lembra?) e então, comece a trabalhar. Você também pode convidar alguns

amigos para ajudá-lo. Embale tudo da casa em várias caixas e marque-as de acordo com seus objetos. Você não deve empacotar tudo aleatoriamente, você deve saber onde guardou tudo. As coisas que não podem ser empacotadas, como móveis, cubra com lençóis, para que não possam ser usadas.

Mantenha as coisas que você vai precisar nos próximos dias em uma bolsa separada (até você desempacotar as coisas que precisa). Essas coisas podem incluir sabonete, escova de dentes, creme dental, poucas roupas, alguns alimentos, etc. Mantenha as caixas em um cômodo e deixe outro para ficar.

Após alguns dias, você notará que a maioria de suas coisas ainda está desempacotada nas caixas. Sente-se depois de alguns dias e decida o que você pode fazer com essas coisas - doar, descarar, vender- o que lhe parecer melhor, você pode fazer com suas coisas.

Elimine as necessidades

Sua casa vazia pode parecer estranha, mas você passou um dia com as caixas cheias ao seu redor. Na manhã seguinte, você vai se sentir estranho, mas confortável ao mesmo tempo em sua casa. Pode parecer também mais limpo, fresco e organizado para você.

Respire fundo e desempacote as coisas que você precisa de manhã para se renovar. Retire utilitários de cozinha, lençol, roupas, uma lata de lixo, etc. Você também precisará de algumas coisas para se preparar para o trabalho, desempacote-as.

Você deve ter juntado um monte de lixo enquanto arrumava as caixas. Livre-se disso imediatamente.

Agora você tirou apenas alguns utensílios e outras necessidades de suas caixas. Sua máquina de lavar louça ainda está debaixo das cobertas. Lembre-se de lavar seus utensílios manualmente toda vez que usá-los.

Coisas que você precisa

A essa altura, você deve ter percebido que gastou uma fortuna comprando coisas que ainda estão dentro das caixas e que sequer pensou em usar. O dinheiro extra que você gastou te custou tempo extra. Isso implica que você poderia ter usado esse tempo com seus amigos ou familiares. Mais uma vez, você passou mais tempo cuidando dessas coisas. Você poderia ter salvo esse tempo também.

Muitas coisas em nossas casas são apenas resultado de compras impulsivas, até mesmo eletrônicos caros. Tais coisas nunca são usadas quando perdemos o interesse por elas.

Isso não significa que você deve parar de comprar coisas e começar a viver a vida da Idade da Pedra. Você só precisa realinhar suas prioridades. Agora, volte àquelas essas caixas e retire alguns *utensílios* essenciais e roupas que você precisa.

Você tem medo de alguma coisa?

Não é nada para se envergonhar. Todos nós temos medo de algo. Alguns medos são naturais, como o medo da altura, insetos, se machucar, etc. Mas há também o medo de perder coisas, amigos ou respeito, o que é resultado do nosso estilo de vida consumista.

Você pode estar com medo de perder o que acha que tem. Isso é uma armadilha, que não te deixa ficar satisfeito, feliz ou levar uma vida livre.

Pergunte a si mesmo se você teve medo de perder alguma roupa nova mês passado. A resposta pode ser sim. E é aí que você está preso. Você pode estar com medo de aprender uma nova língua ou instrumento musical. Você precisa se livrar desses medos.

Faça tudo aquilo que hesita fazer. Escreva o que sempre quis, tocar violão, fazer yoga, e tudo o que almejou. Agora que você não tem distrações por toda sua casa, você vai magicamente descobrir que você tem mais tempo de se dedicar aos seus hobbies.

Relacionamentos

Às vezes, você pode sentir-se distraído em sua decisão. Nesses momentos, torna-se importante ter alguns amigos ou familiares que te deem suporte e que não te deixem desviar do caminho. Essas pessoas podem não estar perto o tempo todo, mas você pode conversar com eles quando estiver se sentindo pra baixo. Isso pode incluir pessoas que não necessariamente compartilham do seu ponto de vista, mas que não te desencorajam também.

Crença
Desde nossa infância à vida adulta, somos levados a crer que devemos possuir diploma universitário, um carro, uma casa, muitas roupas de grife, altos salários e por fim, viver o Sonho Americano de ser *bem-sucedido*. Essa é a definição de sucesso em nossa sociedade. Mas, nunca somos avisados de deixar aquilo que não nos faz feliz. Fica a seu critério decidir se você quer ser feliz por si mesmo ou só quer viver às expectativas da sociedade.

Crescimento
Pode soar platônico, mas é verdade que se você parar de crescer como ser humano, você começa a morrer. Isso se faz verdade

em todos os sentidos- físico, mental, espiritual, emocional and financeiro. Pense numa pera, por exemplo. Quando você vê uma no hortifruti, você pensa que está madura. Mas, na verdade está morrendo. Você não a consumir nos próximos dias, ela morrerá. Ela estava crescendo quando estava ligada à sua fonte de crescimento- a árvore.

A mesma lógica se aplica a você- você está vivo até o momento em que se permite crescer. Uma vez que pare de aprender e crescer, você estará a caminho do perecimento. Faça coisas que sempre quis fazer- aprender piano, parar de fumar, escrever blogs, comer alimentos saudáveis e qualquer outra coisa. Faça o que você crê que deveria para melhorar sua vida. Isso é conhecido como um ser humano em crescimento.

Tudo

Após uma semana ou dez dias, você perceberá que desempacotou muitas coisas das quais realmente precisou. E a maioria das coisas permanecem empacotadas nas caixas. Às vezes, só *pensamos* que precisamos de algumas roupas novas, eletrodomésticos, dispositivos, etc. Na realidade, somos muito mais livres, independentes e ativos se não compramos mais coisas. Você esteve lavando louças por conta própria quando não possuía uma lavadora. Isso lhe manteve mais ativo e saudável. Mas, assim que você comprou o equipamento, você se tornou mais preguiçoso. Passe a se tornar independente não dependendo de coisas. Dependa apenas de você mesmo e perceberá o verdadeiro valor do minimalismo.

Lixo, Doação e Venda
Você encontrará muitos objetos dentre suas coisas não utilizadas, que só comprou por achar chique ou por necessidade trivial, e que simplesmente não precisa. Você pode dividir tais objetos em três categorias: descarte, doação ou venda.
Coisas que você acredita ainda precisar e que podem ser utilizadas no futuro devem ser mantidas. Você pode mantê-las numa

caixa e retirar mais tarde quando for realmente precisar.

Doar
Quando você decide doar, encontre algumas organizações e igrejas em que você possa entregar seus antigos pertences aos necessitados. Pessoas que receberem seus antigos pertences ficarão mais felizes e você mais feliz de ter doado. Dá uma enorme satisfação de ver um sorriso no rosto das pessoas quando você os faz feliz.

Vender
O último passo após o descarte e doação, é a venda. Você pode listar online itens caros como mobília, joias, eletrônicos, entre outros e ganhar dinheiro. Você pode utilizar esse dinheiro para adicionar algo mais valioso à sua vida financeira. Pague suas dívidas, doe aos necessitados ou reinvista para segurança futura.

Digitalize
Você ficaria surpreso com o quanto pode eliminar de sua bagunça só digitalizando. As músicas e filmes de DVDs podem ser

transferidos ao computador e as fotos e documentos que permanecem intocados há tempos podem ser escaneados. Olhe ao redor e utilize seu computador para facilitar sua vida. Parece simples, mas não é. Se fosse tão fácil, você já teria feito há tempos atrás. Pode levar um dia inteiro e você se espantará que manteve tais coisas por tantos anos.

Reduza a dependência de eletrônicos

Todos temos muitos dispositivos e eletrodomésticos em nossas casas que utilizamos boa parte do tempo. Para algumas pessoas, o tempo dedicado a esses objetos é perto de 50%. Apenas os 50% restante do tempo é gasto com as demais atividades produtivas. Isso é simplesmente desgastante a sua saúde mental e física. Para simplificar mais sua vida, você tem que fazer apenas uma coisa- retirar esses dispositivos da sua vida. Se você acha que é demais para você, reduza o tempo gasto nesses dispositivos. Qualquer coisa em excesso é ruim. Tudo bem ficar atualizado com filmes, notícias e alguns programas de televisão, mas se você gasta mais que a metade do seu dia em frente daquela caixa idiota, você pode acabar se tornando um idiota. O mesmo é válido para seus aplicativos no smartphone. Se você é dependente do seu celular para literalmente tudo, você está numa armadilha.

Você pode se satisfazer em outras atividades produtivas, as quais você queria fazer, e então não terá tempo de sobra para TV, computador ou celular. Por exemplo, se você se ocupar lendo um livro interessante, você não sentirá vontade de ligar a TV ou conversar com pessoas, que de outra forma não acrescentariam nenhum valor a sua vida. Reduza sua dependência dos eletrônicos e quaisquer coisas que sejam não produtivas.

Vivendo a vida sem carro
Se você mora em uma cidade onde o transporte público é de boa qualidade, você pode abrir mão do seu carro, e consequentemente, de suas parcelas mensais. Isso em compensação vai reduzir

seu estresse de trabalhar mais para pagar pelas parcelas. Se você tiver que manter o carro, você pode mantê-lo apenas para viagens de longa distância.

Retire também todas as coisas do carro que você manteve para 'caso algo aconteça'.

Sua casa

Se as prestações mensais da sua casa estão te causando muito estresse, prepare-se para vendê-la. Você pode comprara uma casa menor se nela você puder acomodar todos seus pertences atuais. Você certamente não possuirá tantas coisas após se tornar minimalista.

A ideia aqui é estar preparado para vender sua casa qualquer dia caso você esteja quebrado. Sim, é verdade. Se você está mentalmente preparado antecipadamente, desligando-se de suas posses fica fácil, mesmo se for algo grande como uma casa.

Trabalho

Você trabalha para ganhar só o suficiente para viver? Se a resposta é sim, então isso é uma má notícia para você. Você precisa mudar de emprego. Pode parecer difícil tomar essa decisão dado o conforto e estilo de vida que seu trabalho te proporciona. Mas uma vez que você pense na adequação do seu trabalho com suas ambições de vida, você definitivamente vai pensar em mudar seu trabalho o mais rápido possível.

Tempo

A essa altura você já deve ter resolvido grande parte das áreas da sua vida. Você terá muito mais tempo que antes. Esse tempo pode torná-lo grandioso- mas não 'famoso'. Você e o restante do mundo têm 24 horas no dia. Você pode utilizar esse tempo para melhor se gerenciar. Organize seu tempo para conhecer outras pessoas, ajudar os necessitados, fazer novos relacionamentos, ser grato pelo que tem, ser saudável, e construir mais valor à sua vida.

Capítulo 4

A Dieta Minimalista

Comer de acordo com o estilo minimalismo não significa que você tem que seguir um plano rigoroso de dieta. Você não precisa contar suas calorias, comer qualquer coisa saudável que não seja saborosa, atingir um IMC ideal ou ser magro. Nada disso é o objetivo de ser minimalista. A alimentação minimalista consiste em desfrutar de alimentos saudáveis, ter um peso saudável, ganhar mais energia, manter um corpo saudável e sentir-se mais vivo do que nunca.

Quando você passa a ser realmente minimalista com a comida, você pode perder peso automaticamente. Vamos primeiro descobrir os equívocos relacionados à alimentação minimalista.

Você não precisa comer uma dieta leve

Comida saudável não significa comida sem graça. Você pode adicionar ervas aromáticas, especiarias e condimentos aos saborosos vegetais e frutas para ter algumas das melhores refeições. Comer carne com alface, sucos e vinhos é absolutamente delicioso. Você só precisa saber o que é saboroso e saudável.

Você não precisa contar suas calorias
Ser saudável não significa que você deva contar calorias antes de preparar qualquer refeição. Isso o deixará maluco por ter uma alimentação saudável e, eventualmente, você poderá desistir. Você pode pensar que não é saudável porque come demais. Mas isso não é verdade. Você tem que comer a quantidade certa de alimentos saudáveis e reduzir a quantidade de alimentos não saudáveis.

Simultaneamente, você pode começar a se exercitar sem comprometer sua dieta. Se você comer menos enquanto se exercita, seu corpo ficará fraco devido à falta de energia. Portanto, coma o que quiser, porém alimentos saudáveis, e exercite-se moderadamente.

Você não precisa seguir as diretrizes

Você pode estar lendo muitas orientações sobre alimentos saudáveis. Um panfleto sobre alimentação contradiz o outro. E te deixa confuso se você deve comer isso ou aquilo. Na verdade, comer tudo com moderação é bom, a menos que você não esteja em um plano específico de dieta. Mas, você deve evitar alimentos processados a todo custo.

Você não precisa eliminar grãos da sua dieta.

A dieta americana não inclui grande quantidade de grãos, a menos que você não se entregue a hambúrgueres e pizzas todos os dias. Portanto, você não precisa perder o sono com o fato de estar comendo *muitos* grãos. Você pode comê-los com moderação e pode ser perfeitamente saudável.

Há pessoas de algumas culturas, como indianos e italianos, que comem grãos todo dia de uma forma ou de outra. Mas, eles são bastante saudáveis. É apenas uma questão de adaptar seu corpo a um tipo de comida. Evite o trigo em certa medida, mas você pode comer algumas vezes, é claro.

Você não precisa ter medo da gordura animal

Humanos tem comido gordura animal desde centenas de anos. E, de repente no século 20º criadores de dietas nos dizem para eliminá-los da nossa dieta só porque não é saudável. As gorduras impróprias e processadas foram comercializadas de tal forma que começamos a acreditar que a gordura animal não é boa para a saúde. Na verdade, essas gorduras alteradas são algo que nosso corpo não pode ajustar de repente.

Você pode consumir gordura de animais alimentados no pasto sem se preocupar. Eles não causam mal ao seu corpo.

Você não precisa desistir da sua zona de conforto de alimentos

Um belo dia você se levanta e promete que você não vai comer nenhum lixo a partir daquele dia e fará isso nas próximas duas semanas. A decisão de eliminar completamente tudo que não é saudável de sua dieta irá desencorajar sua decisão algum dia. Ao invés disso, você pode decidir reduzir o consumo de comidas não saudáveis. Se você come fora cinco dias por semana, poderá reduzi-lo a dois dias. Isso sustentará sua saúde, bem como permitirá que você mantenha equilíbrio em sua vida social.

O que é comer como minimalista?

Evite alimentos que não fazem você se sentir bem

Nosso corpo é capaz de enviar sinais se algo não lhe faz bem. Por exemplo, algumas pessoas sentem-se altamente desintoxicadas tomando suco de abóbora amarga. Mas, o mesmo suco pode desagradar o estômago de outros. Da mesma forma, existem pessoas que amam ovos e carnes. Enquanto outros podem não gostar de jeito nenhum. É correto dizer que a carne de um homem é o veneno de outro. Se você não se sentir bem depois de comer algo supostamente saudável, seu corpo pode ser alérgico a ele. Você deveria parar de comê-lo.

Além disso, existem alguns alimentos que achamos muito saborosos, mas que não são bons para nossa saúde a longo prazo. Essas comidas incluem alimentos altamente processados, falsificados, industriais, que contêm produtos químicos e refinados.

Você pode parar de comê-los ou pelo menos reduzir a frequência de comê-los.

Coma alimentos que são saudáveis e seu corpo estará adaptado para digeri-los

Desde a Era Paleolítica, nosso corpo adaptou-se para digerir produtos vegetais e produtos de origem animal. Foi há apenas alguns milhares de anos que começamos a comer cereais e legumes. E foi há apenas um século que começamos a comer alimentos processados. Assim, é melhor que você coma produtos vegetais e de origem animal, menos grãos e menos alimentos processados.

Ouça seu corpo

Todo mundo na Terra tem uma maquiagem corporal diferente. O que você pode digerir pode não ser um alimento ideal para seus parentes. Com o tempo, você pode facilmente julgar o que lhe for melhor. Evite comer qualquer coisa que o faça se sentir mal, tonto ou inquieto.

Planeje com antecedência

Planejar com antecedência pode ser uma ótima escolha para sua saúde. Quando você sente fome à tarde no escritório e não tem nada saudável para comer, você acaba comendo algum fast food. Isso é o que você deve evitar. Você pode planejar seus lanches, além de suas refeições.

Leve ao trabalho uma leve porção de salada ou uma caixa com castanhas, ou brotos. Quando você faz pequenas mudanças em sua vida, está contribuindo muito para a sua saúde. Em poucos dias, você começará se sentindo mais energético e revigorado. Isso também contribui muito para sua pele e corpo. Seu corpo passa a adquirir uma boa saúde e forma com a alimentação minimalista.

Cozinhe seus alimentos com os métodos corretos

Existe um método correto para cozinhar tudo. E se você não seguir esses métodos, você acabará perdendo seus nutrientes. Por exemplo, cozinhar brócolis por mais que 10 minutos em água mata suas enzimas e destrói suas vitaminas e antioxidantes. O Ômega 3 do salmão é alterado se fica completamente cozido. É saldável comer ovos escalfados, mas fritos eles depositam calorias oxidadas em suas artérias.

Portanto, é muito importante saber o método apropriado de preparo dos alimentos para então não destruirmos seus nutrientes.

Compartilhe sua experiência com outros

Se lembra que falamos sobre crescimento e contribuição? Divida sua experiência com amigos e familiares sobre as mudanças que isso trouxe a sua vida- seja relacionado com comida, saúde, coisas, tempo ou qualquer outra coisa. Se você notou algo positivo nesse novo modo de vida, certifique-se de compartilhar com outros e encorajá-los.

Conclusão

Você deve ter encontrado um novo método de viver após ler **Minimalismo- Minimalismo em 7 Dias.** O livro busca aumentar sua confiança em viver segundo o minimalismo. Viver sem dispositivos chiques e carros caros lhe garante mais paz na mente.

Com todas as vantagens, existem algumas desvantagens também. Você deve estar ciente dessas desvantagens, a mais provável é que você será importunado por seus amigos e colegas. Quando você elimina a desordem de sua casa, carro e local de trabalho; você tem bastante tempo disponível.

Outra coisa que atrapalha a mentalidade das pessoas é que elas ficam obcecadas em contar coisas ao seu redor. Não há necessidade de se tornar um maníaco sobre minimalismo. Apenas viva confortavelmente com o que você tem.

Você também pode sentir-se sozinho por algum momento já que seus amigos podem te achar estranho até que compreendam sua nova maneira de viver. Você tem que ser mentalmente bem firme para fazê-los entender seu novo modo de vida. Com o tempo, eles entenderão. E caso não entendam, eles não são pessoas que te desejam o melhor. É melhor seguir em frente e conhecer novos amigos. Muitas pessoas acabam fazendo muitos amigos virtuais. Não é de todo mal, mas claro que não é bom se você passar a depender deles completamente e excluir as pessoas reais ao seu redor.

A última desvantagem de ser um minimalista é que algumas pessoas se tornam arrogantes acerca do fato de que podem viver com recursos mínimos. Se lembra que falamos sobre crescimento e contribuição com a sociedade? Isso é a essência do minimalismo. Você não pode se tornar arrogante só porque aprendeu algo novo.

Na verdade, você deve ensinar a outros seu modo de viver e então serem inspirados por você. Lembre-se do sorriso no rosto das pessoas quando você doa algo. Você não obterá satisfação se permanecer arrogante. Ao invés disso, seja humilde e espalhe o amor. Sua vida se tornará uma inspiração para muitas pessoas ao seu redor.

Boa sorte em sua nova vida!

Parte 2

Introdução

"Quero agradecer a você e dar os parabéns por baixar este livro."

Sejamos sinceros: vivemos numa sociedade que acredita em MAIS; uma sociedade que acredita que quanto mais você tiver, mais feliz, bem-sucedido e realizado você será. Uma sociedade que acredita que quanto mais dinheiro você tiver, mais feliz será, ou quão melhor e maior for o carro que você dirige ou a casa que mora, mais prestígio terá e mais feliz você será.

Se você for honesto consigo mesmo, realmente honesto, você irá admitir que é uma vítima de tal doutrinação da sociedade. Ainda que não haja nada de errado com querer o melhor da vida, como a natureza humana já provou, o desejo por mais é um buraco sem fim que irá sugar tudo de você. Isso é algo com o que muitos de nós podemos relacionar graças à doutrinação social. Quando compramos uma casa em condomínio, desejamos uma mansão; quando compramos um bom carro ou telefone, desejamos o próximo modelo ou versão. É um ciclo sem fim.

Como o desejo humano não é algo que podemos saciar (é por isso que mesmo as pessoas mais ricas da Terra ainda querem mais dinheiro), o que você pode fazer para se libertar disso e começar a viver uma vida ótima com o que você tem agora enquanto batalha por uma vida melhor? A resposta é *minimalismo*. O que é minimalismo e o que tem a ver com ajudar você a ter uma vida ótima, uma vida livre do desejo incessante de querer? Revelar isso é o propósito deste livro.

Neste livro, você irá aprender tudo o que há para aprender sobre minimalismo, o que significa, sua importância como ele liberta você do desejo incessante por mais e ao fazê-lo, aumenta sua realização com a vida e reduz o estresse e, mais importante, 10 técnicas minimalistas potentes que você pode usar para mudar sua vida para sempre.

Obrigado novamente por baixar este livro. Espero que você goste da leitura!

Compreendendo o minimalismo e o que significa viver uma vida mínima

Para muitos, o minimalismo como conceito se trata de abrir mão das conveniências do mundo moderno. Trata-se de abrir mão da casa bonita que você ama, um telefone caro que você usa todo dia, um carro que você dirige todo dia e que adiciona sentido a sua vida e, ao invés disso, vender seu carro, desistir de todos os pequenos prazeres da vida, mudar-se para uma cabana de madeira no meio do mato e viver no meio da mãe natureza. Que interpretação errada!

É verdade que algumas pessoas acham prazeroso abrir mão de todas as suas posses materiais e viver da terra. Para essas pessoas, viver da terra, o que chamamos de uma vida bastante básica, é a definição máxima de simplicidade. No entanto, ainda que isso realmente aponte para o minimalismo, na verdade, no entanto, tal visão é uma versão extrema do minimalismo e, na verdade, para adotar o minimalismo e torná-lo parte da sua vida, você não precisa se mudar para uma cabana de madeira em chão de terra batida, nem abrir mão de se comprar uma xícara cara de café,

Para se tornar um minimalista, você precisa dar a ele uma definição personalizada, mas estamos nos adiantando. Vamos dar um passo atrás e compreender o que é minimalismo, para que você possa usar essa compreensão para forjar uma definição pessoal do que o minimalismo representa para você.

Compreendendo o minimalismo e o que significa viver uma vida mínima

The minimalist (O minimalista), o blog de minimalismo de fato na internet, uma plataforma que diz ter ajudado mais de 20 milhões de pessoas a viver com menos, um website/plataforma criado por Joshua Fields Millburn e Ryan Nicodemus, que apareceu nas principais publicações como o New York Times, Forbes, Times e similares, define minimalismo como segue:

> *"Minimalism is a tool that can help you find freedom: Freedom from fear; Freedom from worry; Freedom from overwhelm; Freedom from guilt; Freedom from depression; Freedom from the trappings of the consumer culture we've built our lives around: Real freedom."*

Em relação a definições, essa não é uma definição ruim. No entanto, como você pode ver claramente a partir da conotação por trás dessa definição, ao definir o minimalismo em termos tão sucintos, Joshua e Ryan fazem uma coisa: assumir o minimalismo como eles o definiram, em um tamanho que serve para todos. E não é assim. Pensar em minimalismo em termos concretos e quantitativos é um dos equívocos mais comuns.

A verdade é que o minimalismo pelos seus interesses não irá produzir menos estresse na sua vida; ele não irá ajudar você a viver uma vida ótima, satisfeita. Além disso, ainda que o destralhe seja uma parte integral do minimalismo, ele não define o processo. Como Lisa Avellan diz, "O minimalismo não é sobre suas coisas, é mais sobre o que reside sob as coisas, sua alma."

Essencialmente e enquanto a definição correta de minimalismo for pessoal (e você deveria tratá-la como tal e criar uma definição personalizada), os minimalistas buscam fazer uma coisa: *viver intencionalmente com as coisas que eles precisam ou valorizam mais do que valorizam as posses materiais.*

O que isso significa, é que para adotar o minimalismo, você precisa decidir o que considera essencial para você, o que você pensa que precisa ao invés de apenas querer; então, assim que você tiver essa definição, viva sua vida intencionalmente com isso em mente. Obviamente, isso significa que se você considera todo espacinho dos seus 10 dormitórios como essencial, e se você usa cada pedacinho deles, nada no minimalismo diz que você precisa se desfazer dele. No entanto, e por outro lado, se você usa apenas 3 dos 10 dormitórios, você está sendo esbanjador e uma vítima da paixão por possuir.

Minimalismo não significa que você deveria pagar barato, NÃO! Significa que quando você precisa de alguma coisa, você compra, não interessa quanto custe. Simplesmente significa tomar decisões a partir do que você precisa mais do que o que você quer. Quando você se libertar do querer, o desejo pelo destralhe, isto é, remover os extras da sua vida se torna automático. O que isso significa é que o minimalismo permite que você escolha o tipo de estilo de vida minimalista que você leva.

O minimalismo, como dissemos, é uma ferramenta. É uma ferramenta que ajuda você a eliminar o excesso da sua vida, para que você possa focar no que é importante. Ao focar no que é importante, você pode se libertar do desejo por mais, e por conta disso, você consegue encontrar felicidade e realização com a vida que você está vivendo agora, mesmo que você não esteja vivendo em uma mansão à beira-mar.

Como você pode ver, essa definição é contrária ao que o que você pode ter pensado do minimalismo, que pede para que você abra mão da conveniência da vida diária moderna e comece a viver da terra. O minimalismo não tem nada a ver com desistir do que você considera importante. Ao invés disso, o que ele faz é equipar você com as ferramentas que você precisa para se libertar do materialismo, isto é, ajuda você a parar de colocar um valor imenso em coisas materiais e menos em si mesmo.

O minimalismo e, em extensão, ser um minimalista é uma mudança de mentalidade, isto é, porque mentalidade é uma mentalidade, para começar a viver uma vida mínima e, portanto, uma vida menos estressante e mais realizada, você precisa mudar sua atitude em relação a posses e o que será preciso para atingir sucesso e felicidade na sua vida.

Sim, o minimalismo se trata de reduzir as coisas que demandam sua atenção e, ao invés de se acabar para correr atrás de coisas que não adicionam sentido a sua vida, concentrar-se nas poucas coisas seletas que você considera importantes, queridas e que trazem significado para sua vida. No entanto, o minimalismo é mais do que eliminar X quantidades de tarefas ou itens do seu calendário ou casa; tem mais a ver com o desejo por menos.

Como você pode imaginar, o desejo por menos é interno. Portanto, antes de você começar realmente o processo de destralhe e a dar coisas, trabalhe a sua mentalidade. Você precisa mudar a visão em relação às coisas que você quer, precisa e escolhe manter na sua vida. O minimalismo se trata de escolher ter na sua vida as coisas que você precisa ao invés das coisas que você deseja simplesmente pelo desejo delas.

De maneira simples, ser um minimalista se trata de libertar-se da paixão por possuir. Ainda que não haja nada de errado com querer o melhor da vida, há algo errado com o desejo incessante por mais. Esse desejo incessante é o que leva a níveis aumentados de estresse e infelicidade na sua vida.

Infelizmente, se você olhar para a dita "sociedade moderna" em que vivemos, você irá perceber que muitos de nós compramos a ideia de acumular mais como uma forma de viver uma vida boa, feliz; muitos de nós compramos a ideia de que a felicidade vem de adquirir mais. Ah, como estamos errados.

A felicidade ou contentamento com a vida não é algo que qualquer um de nós possa encontrar nas posses. Na verdade, quanto mais queremos, quanto mais valorizarmos as posses, mais infelizes seremos. Ser um minimalista se trata de libertar-se da prisão do consumismo e da paixão por possuir. Felizmente, o minimalismo é ambos, uma ferramenta e uma mudança de mentalidade que liberta você disso. Faz com que você comece a valorizar experiências, relacionamentos e a si mesmo (seus cuidados pessoais) mais do que você valoriza a compra do próximo carro ou casa.

Agora que compreendemos o que é o minimalismo e o que significa ser um minimalista, por que você deveria se tornar um? Quais as vantagens disso para você? Vamos discutir a seguir.

Como o minimalismo beneficia você

Com a nossa discussão até agora, você pode ter uma compreensão geral de como o minimalismo beneficia você. Para levar isso um passo adiante, vamos ampliar e discutir alguns dos benefícios mais potenciais de viver com o que você precisa:

1: Melhor concentração

Destralhar, isto é, remover excessos da sua vida, é um dos principais aspectos do minimalismo e de viver uma vida minimalista; na verdade, destralhar é um dos primeiros passos-chave para uma vida minimalista. Destralhar tem muitos benefícios.

Considere que quando seu armário, mesa do escritório ou mesmo a área de descanso está repleta de tralhas, encontrar algo que você precise em algum momento será caótico; quando você não consegue encontrar o que precisa quando precisa, você acaba perdendo tempo e não irá concluir muitas coisas.

Por outro lado, se você tirar um tempo para destralhar sua mesa, armário, banheiro ou mesmo a área de descanso,

você encontrará mais rápido o que precisa e, ao invés de gastar tempo inspecionando uma tonelada de coisas que você não precisa (a perfeita definição de tralha), você poderá dedicar o tempo livre para fazer coisas que importam mais para você.
Os excessos na sua vida têm um efeito negativo no seu foco e habilidade de processar informações. Isso é algo provado por um estudo conduzido por neurocientistas da Universidade de Princeton. O estudo observou como os grupos se saem em tarefas quando estão em um ambiente organizado em comparação a um desorganizado. Os cientistas concluíram que as tralhas, por competirem pela sua atenção, aumentam seus níveis de estresse e reduzem o desempenho. A tralha força seu cérebro a fazer multitarefas e como você sabe, ser multitarefa torna você ineficiente.Portanto, ao eliminar os excessos da sua vida, você pode aumentar seu foco e concentração no que é importante para você.

Como você pode imaginar, quando milhares de coisas inúteis não estão competindo pela sua atenção ou roubando-a do que importa, quando a tralha não está lembrando você das coisas que você ainda tem que realizar, você pode na verdade começar a concluir as coisas que mais importam para você, as coisas que impulsionam você para o próximo estágio da sua vida.

Não obstante e apesar do fato de que monopolizamos coisas (agradeça ao seu consumismo) por muitos motivos, como Jane Porter escreve em um artigo publicado na Fast Company, *"nos apegamos a mais coisas do que precisamos; ao invés daquele tapete de yoga no canto lembrar você de se alongar de manhã, ele se torna um talismã de vergonha e culpa."*

O minimalismo, como implicamos em todo exemplo, trata-se de manter na sua vida coisas que importam, coisas que inspiram e motivam você; não leve isso para o lado que tudo que lembra você do que você não fez é ruim e deveria, portanto, ser colocado para fora, não! Um lembrete de algo que você não fez pode ser bom. No entanto, ter algo que lembra você de algo que você não fez—como um tapete de yoga sem uso—em algum momento se transforma em uma tralha mental e emocional.

Você não consegue crescer se você estiver direcionando todo seu esforço emocional para superar a culpa das coisas que você não fez. Ao destralhar sua mente, casa e outros espaços, você se liberta dessa tralha mental, que permite então que você se concentre mais nas coisas que você está fazendo agora, as coisas que são importantes para você, porque se algo é importante para você, você encontrará tempo para aquilo.

2: Humor melhorado

Quando você tem que inspecionar um monte de coisas inúteis até chegar nas coisas que você precisa, você ficará de mau humor. Porque tralha é como barulho visual (lembre-se que por tralha, queremos dizer os excessos na sua vida), que pode tornar você rabugento e enviar para seu cérebro a mensagem que sua vida está numa desorganização total, que suas coisas estão bagunçadas, algo que tem o efeito de acabar não apenas com seu humor, mas as perspectivas em relação a sua vida.

Em um estudo conduzido pelos pesquisadores no centro da UCLA e que envolveu 32 famílias da Califórnia e seu relacionamento com milhares de objetos em suas casas, os pesquisadores mostraram que tralha visual tem o efeito de fazer você se sentir "como se sua vida estivesse caótica". O estudo provou que a tralha tem um efeito negativo profundo em nosso humor e autoestima. Na verdade, os pesquisadores de várias áreas—ciências sociais, antropologia e arqueologia—encontraram um link distinto entre mais coisas e cortisol mais alto (o hormônio do estresse). Isso tem um significado simples: quanto mais coisa você tem, mais estressado você se sente.

Felicidade diminuída e menos estresse

Um estudo recente (conduzido por advogados) indica que muitas pessoas

materialistas sofrem de baixa autoestima e que os advogados que se contentam em ganhar menos dinheiro são um grupo feliz. Se você comparar isso com a natureza das vidas que estamos vivendo hoje, você consegue ver um elemento de verdade nisso. Quanto mais dinheiro você quer (a necessidade por mais dinheiro vem da necessidade de comprar mais, de possuir mais), maior a probabilidade de você ser estressado e maiores as chances de que você compre mais (já que agora você tem dinheiro) para diminuir o estresse, uma estratégia no mínimo ineficiente. Esse estudo extraiu uma conclusão que mais dinheiro não é igual a mais felicidade.
Infelizmente, em parte graças ao mundo altamente comercializado que vivemos, equacionamos mais dinheiro a mais felicidade, que é o motivo de muitos de nós estarem constantemente trabalhando por longas horas em uma aposta para ganhar mais na esperança de que, se adicionarmos alguns zeros a nossa conta bancária, seremos mais felizes. O que é irônico é que conforme o fazemos,

conforme trabalhamos mais, estressando-nos por aguentar muito mais do que poderíamos fazer confortavelmente, comprometemos nossa felicidade atual.

Em outros estudos de pesquisa, os pesquisadores mostraram que <u>se você quer felicidade duradoura, você deveria se concentrar nas experiências ao invés das posses</u>. Isso está muito alinhado com os ensinamentos do minimalismo. O minimalismo nos ensina a concentrar em como atender nossas necessidades essenciais. Por exemplo, ao invés de trabalhar até ficar só o pó para ganhar aquele bônus anual e usá-lo para tirar férias caras com seu adorável esposo(a), o minimalismo diz que você deveria trabalhar apenas o necessário e dedicar o tempo livre para dar alguma coisa legal para seu parceiro(a)—legal não quer dizer caro.

Seguindo esta ideia, é mais provável que seu parceiro(a) dê valor para consistentes saídas ao cinema no final de semana, ao café e piqueniques do que ele/ela é capaz de valorizar uma saída de 2 semanas de férias nos lugares mais exóticos após trabalhar até tarde todos os dias da semana.

O minimalismo ensina que diversão (a única coisa que leva à felicidade) começa quando ao invés de perseguir a próxima grande aquisição, concentramo-nos em planejar e antecipar experiências como passeios curtos, viagens, concertos e outros tipos de experiências—até mesmo as novas. Ele nos ensina que a melhor maneira de ganhar dinheiro é dando a si mesmo experiências das quais você pode se lembrar com alegria.

Se você considerar tais experiências com entusiasmo, você irá perceber que elas raramente custam um rim e por elas não custarem tanto, você não tem que passar cada momento da sua vida trabalhando muito. Na verdade, você até consegue respirar aliviado. As descobertas de pesquisa determinaram que ainda que comprar o novo iPhone X ou o Galaxy S9 irão dar a você um nível de alegria instantâneo, essa alegria é temporária: ela se esvai na medida que você se acostuma com seu novo telefone ou assim que surge um novo modelo. Por outro lado, se você usar uma fração desse dinheiro para comprar uma experiência, ela e a alegria que a acompanha irão durar por mais tempo.

Há milhares de outros motivos pelos quais o minimalismo é algo que você deveria considerar para fazer parte da sua vida. Você pode ler mais a respeito disso nos seguintes links:

Agora que temos isso em mente (com sorte, essa seção aumentou sua motivação na direção de se tornar um minimalista), vamos discutir como começar a viver um estilo de vida minimalista antes de discutirmos as 10 técnicas ou hábitos de estilo de vida minimalista que, quando adotados, irão ajudar você a destralhar e reduzir a quantidade de estresse na sua vida:

Como facilitar sua entrada em um estilo

de vida minimalista: Um processo em três passos:

Tornar-se um minimalista não é fácil, já que para se tornar um, você tem que mudar sua mentalidade em relação à posse das coisas e similares. No entanto, não ser fácil não se traduz automaticamente em impossível. Além de seguir um princípio simples—*livre-se do que você não precisa e mantenha aquilo que você precisa e estima*—há várias coisas que você pode fazer para facilitar sua entrada no minimalismo.

Essa seção do livro discute as várias coisas que você deveria fazer para adotar o minimalismo da maneira mais fácil possível:

Passo 1: Defina uma intenção, objetivo e cronograma claros

Obviamente, a primeira coisa que você precisa fazer é definir o que o minimalismo significa para você (como é uma vida minimalista para você) porque como mostramos, o minimalismo é pessoal e significa coisas diferentes para pessoas diferentes. O que isso significa para você? Essa é a primeira pergunta que você tem que responder.

O minimalismo significa (para você) viver com nada além do essencial? Isso significa destralhar seu espaço (e mente) das coisas que você não tem usado, olhado ou trabalhado por meses? Isso significa que você precisa parar de comprar mais coisas, vender o que você não precisa e então comprar itens de alta qualidade de que você precisa? Como você pode ver, o minimalismo pode ser muitas coisas. É por isso que para torná-lo parte da sua vida, a primeira coisa que você deve fazer é definir o que ele representa para você e definir uma intenção clara de viver tal vida.

De maneira ideal, e já que o minimalismo se trata de otimizar sua vida, seu objetivo e intenção deveriam ser viver a vida com o que você precisa, o que preenche você de vida, paixão e alegria. Quando você definir o que isso significa para você comece a eliminar tudo (mental, físico ou outros) que não se encaixa na vida que você visualiza para você e para aqueles que você ama. Remova da sua vida tudo que fica no caminho para obter e fazer mais daquilo que você realmente quer da vida: essa é a essência do minimalismo.

Para fazer isso, defina uma meta clara, isto é, defina a vida que você quer viver (visualize-a com clareza) e então crie uma lista de todas as coisas que você precisa fazer para começar a viver essa vida. Se sua definição pessoal de minimalismo diz que você tem que destralhar sua mente, casa e outros espaços, crie um plano detalhando como você pretende fazer isso. Deixe o plano claro e quebre cada passo do plano na menor parte possível. Faça mais do que apenas escrever suas metas minimalistas, escreva porque aquela meta é importante para você e como irá ajudar você a viver uma vida mínima e rica.

Assim que você tiver seus objetivos, estabeleça um prazo para cumprir suas metas. Por exemplo, se você tem que destralhar sua lista de Coisas a Fazer, quarto, área de descanso e armário, dê um prazo para cada uma dessas metas. Um prazo impulsiona você a agir imediatamente.

Passo 2: Destralhar

Como apontado anteriormente, destralhar é um passo no caminho para o minimalismo e não um fim em si mesmo. Dito isso, se você vem vivendo uma vida moderna convencional, assim que você fizer a escolha de se tornar minimalista, você irá, sem dúvidas, ter que destralhar não apenas seus espaços, mas também sua mente, lista de amigos, seus compromissos, suas atividades e todos os outros pilares da sua vida.

Felizmente, o minimalismo não é restritivo. Ele permite que você escolha o que considerar importante e, portanto, o que manter (e não manter) na sua vida. Isso tem implicações no sentido que, ainda que o destralhe seja um elemento importante da vida minimalista, o minimalismo se afasta de ditar o que você deveria manter, descartar, vender ou doar.

Destralhar é o passo mais doloroso no caminho do minimalismo; por isso, conforme você decide o que manter (e não manter), dê a si mesmo(a) tempo suficiente e esteja consciente sobre o processo. De maneira ideal, você deveria repassar item por item, atividade por atividade, cômodo por cômodo, perguntando-se se algo tem valor, valor sentimental ou se você precisa ou usa aquilo. Se algo não agregar valor para sua vida ou se você não usa, você estará melhor sem aquela coisa na sua vida.

Após destralhar toda área da sua vida (incluindo tarefas e amizades) de coisas que você não precisa, pense em tudo que você tem na sua vida que está aí porque você acha que irá precisa dela em algum momento no futuro.

Frequentemente guardamos coisas que iremos precisar em algum momento no futuro. O detalhe é que na maioria dos casos, essas coisas acabam empoeiradas nos cantos, na garagem e no porão. Se você tem tais coisas na sua vida, considere cada item cuidadosamente e livre-se (e a sua vida) de tudo que você não usou em um mês. De maneira ideal, apenas mantenha na sua vida as coisas que você precisa e esconda todas as outras por um mês. Apenas pegue o que você precisa usar e após 3 meses, doe, descarte ou até mesmo venda qualquer coisa que você não tenha usado dentro desse período. Use o entusiasmo e motivação que provêm desse livro para criar sua vida minimalista ideal.

A forma máxima de viver uma vida mínima é lembrar a si mesmo (constantemente) que eliminar coisas desnecessárias da sua vida irão simplificá-la, enriquecê-la e preenchê-la com valor, liberdade e satisfação. Lembre-se sempre que o minimalismo é uma escolha pessoal e você decide o que ele representa para você. Se você definir como uma cama e um notebook, ótimo. Se for uma casa cara, mas mobiliada adequadamente, ótimo. O minimalismo é pessoal então personalize-o.

Se você gostaria de aprender mais sobre como destralhar vários aspectos da sua vida, incluindo a casa, lista de amigos, tarefas, área de trabalho e outras áreas da sua vida, considere ler os recursos dos links abaixo:

Passo 3: Comprometa-se!

Somos criaturas de hábito. Como tal, durante sua transição para uma vida minimalista, serão muitos os momentos onde você se encontrará (talvez em mais de um momento) voltando para o consumismo e comprando (ou trazendo para sua casa e vida) coisas ou pessoas que estão tirando ao invés de adicionar valor a sua vida. Tudo bem. O minimalismo é uma maratona não um *sprint*.

Adquirimos coisas a uma taxa alarmante. Ao embarcar na jornada minimalista, isso ficará mais evidente. E tudo bem também. Compreenda que querer mais é parte da natureza humana. Ao perceber que os excessos rastejam novamente para sua vida mesmo após o destralhe, ao invés de se punir por deixar que coisas sem valor retornem para sua vida, perdoe-se e recomprometa-se com sua intenção e meta. Apenas porque algumas poucas coisas sem valor retornaram para sua vida, não é motivo suficiente para desistir da sua missão por simplicidade; ao perceber elementos de tralhas na sua vida, recomprometa-se com sua missão e reinicie.

Como forma de garantir que as tralhas não voltem para sua vida, tente limitar o número de coisas que você tem e busca. 200 é um bom número de partida (100 também é possível), mas em tudo que fizer, lembre-se que o minimalismo se trata de valor e, portanto, você sempre deve escolher qualidade à quantidade. Você também deve refletir bastante em todas as suas compras. Apenas compre coisas que você precisa e, enquanto compra, pergunte-se: "Realmente preciso disso?" Se a resposta for não ou até talvez, vá embora feliz sabendo que você se impediu de fazer uma compra desnecessária.

Para complementar essa seção de iniciação, vamos discutir 10 incríveis hábitos minimalistas que irão ajudar você a destralhar e reduzir o estresse na sua vida:.

10 hábitos do estilo de vida minimalista que irão ajudar você a destralhar e reduzir o estresse

Quando você se torna um minimalista, você automaticamente reduz a quantidade de tralha e estresse na sua vida. Para complementar esse processo, torne esses 10 hábitos parte da sua vida diária:

1: Reavalie seu espaço constantemente

Cada cômodo da sua casa deveria trazer paz e alegria a você, algo que não é possível se sua casa for um ímã de tralhas. Ao contrário da crença popular, a felicidade não provem de ter uma casa maior ou de comprar o mais recente eletrodoméstico. Na verdade, você pode ter tudo isso e ser a pessoa mais infeliz que conhece.

Reavalie suas necessidades de espaço (que vem automaticamente após destralhar) e se você notar que após destralhar você tem mais espaço do que precisa, tome corajosamente a decisão de mudar-se para uma casa menor (se necessário). Essa reavaliação precisa se tornar uma parte constante da sua vida, um hábito.

Se você está morando em um local menor, seja criativo a respeito de onde você escolhe armazenar as coisas que você usa e precisa, aquelas que adicionam valor para sua vida. Lembre-se sempre que o minimalismo se trata de ter em sua vida coisas que adicionam valor. Você pode ler [aqui](), [aqui]() e [aqui]() para aprender algumas estratégias eficientes que você pode usar para tornar espaços menores maiores e mais funcionais.

2: Uma dose de realidade é sempre bom

A maioria das coisas que temos em nossas casa são coisas que "pretendemos usar" um dia. Um dia nunca chega. Ao caminhar pela estrada do minimalismo, é bom ser realista a respeito do que você precisa e usa e com que frequência você usa o que quer que você escolha manter em sua vida. Por exemplo, ter um conjunto de chá vitoriano valioso pode não fazer muito sentido se tal evento apenas ocorre na sua vida a cada 2 anos.

Como um minimalista, tenha isso em mente: Se você não usa algo ao menos (no mínimo) uma vez por ano, tem que ir embora: é simples assim. Apenas mantenha na sua vida as coisas que você usa (preferencialmente todo dia—do lado extremo do minimalismo).

3: Agende e repita refeições

A comida que você come afeta várias áreas da sua vida, incluindo seu humor. Portanto, a comida é uma das áreas da sua vida onde você pode apreciar variedade e abundância. Se você observar a geladeira de uma casa típica americana, você irá perceber uma infinidade de itens pouco usados; ao visitar a mesa do jantar, você notará tentativas de criatividade. Ainda que ser criativo em suas refeições não seja ruim, isso também pode drenar seus recursos e consumir muito tempo e energia.

Ao invés de bancar o *chef* toda vez, comprometa-se com um plano alimentar simples, repetitivo, mas nutritivo. Isso irá remover a necessidade de decidir o que comer todo dia, algo que pode ser muito esgotador, especialmente se você tiver adotado uma dieta específica. Você pode se ater a um plano alimentar durante a semana e liberar a criatividade no final de semana.

4: Diga "Não, obrigado" com frequência

Ao oferecerem alguma coisa não significa que você tem que aceitar o que foi oferecido. Ao contrário da crença popular, dizer não para algo de que você não precisa não é errado. Como um minimalista, quando alguém oferece algo a você de que você não precisa ou que não adiciona valor a sua vida, diga "não, obrigado" e siga em frente.

5: Reduza seu guarda-roupa

O que vestir é uma decisão que deixa a muitos de nós ansiosos todos os dias e que drena nossa energia mental e emocional.

Evite esse estresse destralhando seu guarda-roupa e automatizando o que você veste o máximo possível. Isso tem que ser uma parte constante na sua vida para garantir que a tralha não se acumule. Você pode tentar viver com 33 itens de vestuário por 3 meses e ver como isso funciona para você. Paralelo a isso, ao reduzir seu guarda-roupa, livre-se de toda peça de roupa que você não usa, que não serve —mesmo que você pretenda perder peso no futuro— e que não faz com que você se sinta bem ou se sinta confiante.

6: Minimize o débito

A maioria dos minimalistas busca ativamente o pagamento de dívidas: porque dívidas são uma armadilha estressante. Dedique uma quantidade específica dos seus ganhos diários, semanais ou mensais para pagamento de dívidas e crie um fundo de emergência ($1000 é a melhor quantia para um fundo de emergência). O melhor de pagar sua dívida (especialmente as ruins como dívidas de cartão de crédito) dessa maneira é que pagar pequenas quantidades de dinheiro não dói tanto. Se possível, coloque em débito automático para que você não veja o dinheiro saindo.

7: Seja grato todo dia

A gratidão é uma parte integral de viver uma vida ótima, minimalista. A gratidão tira seu foco das coisas que você não tem e o redireciona para as coisas que você tem e deveria ser grato. A cada novo dia encontre algo para ser grato (3 itens funciona bem), agradeça a alguém por estar na sua vida ou agradeça ao universo por colocar alguém em sua vida.

8: Mantenha as superfícies planas livres

Balcões, mesas, penteadeiras e outras superfícies planas são ímãs de tralhas. Você pode fazer com que a tralha pare de se acumular nessas áreas (e na sua casa) designando lugares para os objetos ao invés de empilhá-los nas superfícies planas.

Ao perceber suas superfícies planas se enchendo com coisas que não deveriam estar ali, isso é um sinal de que você deveria fazer algo logo ou até imediatamente.

9: Jogue o #MinsGame

O jogo minimalista de 30 dias é um jogo criado por minimalistas. O jogo pede a você para se livrar de coisas de acordo com o dia do mês. No 1º dia do mês, você escolhe jogar, joga fora uma coisa, 2 coisas no 2º dia, seguido por três coisas no 3º dia do mês, 4 coisas no 4º dia do mês e assim por diante até que no último dia do mês você descarta 30 ou 31 coisas. Isso significa que ao final do mês, você terá se livrado de 496 itens (em um mês de 31 dias).

Jogue esse jogo ao menos uma vez por ano (preferencialmente no primeiro mês do ano), para que você possa limpar sua casa de toda a tralha que você possa ter acumulado inadvertidamente ao longo do ano. O mais engraçado é que, ainda que o dia 31 possa ser difícil, se você for honesto e sincero consigo mesmo, você ainda encontrará alguma coisa para jogar fora. Isso acontece porque ao longo do ano, estamos mais propensos a ceder a nossos caprichos naturais por mais.

10: Escolha sempre experiências ao invés de posses

Experiência ao invés de posse é um dos princípios que guia o minimalismo. Ao longo do seu dia, se você tiver que fazer uma escolha, sempre escolha experiência ao invés de posse a menos que a posse em questão seja algo de que você realmente precisa.

Implemente esses 10 hábitos juntamente aos 3 passos descritos no capítulo anterior. Se você o fizer, você viverá uma vida ótima, menos estressante, livre de tralhas e com muitas realizações.

Conclusão

Chegamos ao final do livro. Obrigado por ler e parabéns por chegar até o fim.

Realmente espero que o livro tenha inspirado você, aberto seus olhos e que tenha sido fácil de acompanhar.

Você aprendeu tudo que poderia aprender sobre implementar o minimalismo na sua vida. Mãos à obra! Implemente o que aprendeu e observe o que irá acontecer na sua vida.

Obrigado e bo

www.ingramcontent.com/pod-product-compliance
Lightning Source LLC
Chambersburg PA
CBHW071911070526
44583CB00016B/1935